Ib 48.986.

DÙ SYSTÈME POLITIQUE

DE

MM. AZAÏS ET DE CHATEAUBRIANT,

ENVERS LE MINISTÈRE;

Par M^r. R. D.

A PARIS;

Chez { DELAUNAY, DENTU, PELICIER, ET CHAUMEROT, } Libraires au Palais-Royal.

1818.

T. 48
Lb. 986.

IMPRIMERIE DE SÉTIER,
RUE DE LA HUCHETTE, N°. 18.

DU SYSTÊME POLITIQUE

DE

MM. AZAIS ET DE CHATEAUBRIANT,

ENVERS LE MINISTÈRE.

DEUX auteurs distingués viennent d'écrire pour et contre, sur le systême politique suivi par le Ministère. Lequel des deux a raison? Telle est la question à l'ordre du du jour. En attendant qu'il se présente des hommes en état de la traiter, je vais jeter cette bluette entre les deux contendans; elle servira à éclairer sur le choix de leurs armes, et sur la couleur de leurs bannières: commençons par légitimer les qualités.

M. le vicomte de Chateaubriant, qui porte un nom connu et qu'il rendra célèbre

I

a bien voulu descendre du sommet de la prose poétique, jusques au style polémique; il parle en maître dans les deux genres. Quelle différence de notre tems à celui où les preux, ses prédécesseurs, signaient de leur gantelet, ou du pommeau de leur épée, leurs contrats de mariage et les traités de paix. La civilisation est au comble, lorsque ceux qui tiennent le premier rang ne veulent plus dominer par des prestiges, mais par l'ascendant de la raison. Il n'y a plus de révolution lorsqu'il y a fusion d'intérêts et de lumières.

M. Azaïs, né dans une caste où le despotisme est plus odieux, parce qu'on le sent de plus près, a d'abord écrit contre le despotisme, puis il s'est familiarisé avec lui à tel point qu'il vient de proposer aux principales nations de l'Europe, de prendre leur part de ce généreux spécifique, et qu'il veut bien distribuer à chacune d'elles, la mesure de liberté qui leur convient (1).

____

(1) *Vid.* L'Ouvrage de M. Azaïs, *De la sagesse en politique sociale, et de la mesure de liberté qu'il est convenable en ce moment d'accorder aux principales Nations de l'Europe.*

C'est ainsi que tout est contrasté dans ce bas monde, et moi-même, qui vais prendre la plume d'Aristarque, je blamerai peut être celui que j'ai loué, et je louerai celui que j'ai blâmé. Serait-il vrai qu'il n'y a pas d'autre empire, (je ne parle pas de celui qui asservit physiquement les hommes, il est trop bien prouvé par l'abus de la force ; je parle de l'empire moral auquel nos pensées, nos sensations mêmes sont assujéties) : serait-il vrai, dis-je, qu'il n'y a pas d'autre force morale que celle de nos passions, d'autres principes régulateurs que ceux des circonstances, et d'autres opinions politiques que celles qui naissent de nos besoins ?

J'abandonne ce désespérant sujet de dispute à de plus habiles que moi, je vais m'occuper du mien.

La brochure de M. Azaïs contient environ 5o pages, les huit premières, sous le nom de préface, sont consacrées à nous parler de lui et de ses ouvrages. Il n'en fallait pas tant pour nous rappeler ces derniers; qui ne se souvient des Compensations, et du systême expansif de M. Azaïs ? mais il avait à concilier une certaine versalité de principes, huit pages ne sont pas de trop ; qui peut se vanter de n'avoir pris aucune part aux saturnales impériales ? depuis la nouvelle ère il n'est plus permis de varier.

Les pages qui suivent contiennent tout ce que Montesquieu, Burlamaqui et Machiavel nous ont montré sur les ressorts des divers gouvernemens. Ce n'était pas la peine de dépecer ces publicistes pour les mettre en brochure. M. Azaïs blame l'obstination dans les mouvemens et la trop rigoureuse constance dans les principes ; les circonstances sont pour lui une grande autorité. On voit combien M. Azaïs est complaisant et flexible, aussi il veut bien nous consoler sur notre asservissement temporaire. Il en appelle aux huit cent mille étrangers qui nous gardent et qui, d'après lui, sont nos protecteurs, « voulez-vous, dit M. Azaïs, qu'ils » s'unissent plus fortement encore, provo-» quez chez vous les dissentions et *l'indé-» pendance* !

Ainsi il n'y aurait plus d'autre parti pour nous que le silence des tombeaux, ni d'autre bruit que celui des chaînes, encore ne faudrait-il pas le trop faire entendre, de peur qu'on ne prit pour des mouvemens séditieux le besoin si naturel de se plaindre quand on souffre.

Qu'on aime bien mieux cette noble phrase: « Je respecte l'opinion de l'Europe, mais » elle ne sera jamais une autorité pour moi, » en ce qui touche les intérêts particuliers » de mon pays : je suis trop Français pour » oublier un moment ce que je dois à l'indépendance de la France ».

Voilà qui est Français, une pareille phrase vaut un livre ; celui de M. Azaïs et celui de son chevaleresque adversaire sont tout entiers dans ces épigraphes que j'en ai tirées. Je continue mon examen.

La dix-huitième page de M. Azaïs porte le cachet de l'ouvrage et justifierait au besoin l'intention de l'auteur. M. Azaïs cite parmi les serviteurs les plus fidèles du Roi, M. de C... et M. de Ch. B., il vante leur dévouement et les fait voyager de compagnie tous les deux devers Gand. On était fait aux amalgames de M. Azaïs, mais en vérité ce contraste est trop fort, et il est douteux que les deux personnages, qu'il voudrait apparemment réunir, se montrent satisfaits de son accolade.

Ce n'est qu'à la vingt-quatrième page que M. Azaïs aborde son sujet, on se doute bien que tout est bon , parfait même , dans le système politique suivi par les Ministres , quoique M. Azaïs se récuse pour juge en fait *d'administration et de législation*, dont il déclare modestement ne point *posséder la science*. M. Azais se trompe, il sera, quand il le voudra, l'un de nos meilleurs publicites, un de nos écrivains les plus distingués.

Le Ministère , dit M. Azaïs, marche avec fermeté , habilité et unité sur la ligne de conciliation. — Mais on pourrait répondre qu'en mettant les divers partis aux prises on ne les amenerait pas facilement sur *la ligne de conciliation*, ni moins encore leur inspirerait-on des sentimens d'obligeance sincère , après les avoir armé et renié tour à tour.

En effet, « que fit le Ministère, dit » M. Azaïs, il favorisa le parti opposé à

» celui qu'il venait d'abattre , il le devait :
» contre les passions que l'on enchaîne, il
» faut le secours d'autres passions. »

Voilà donc tout le secret ministériel dé-
voilé, ce grand système politique ne serait
après tout qu'un jeu de bascule ; mais que
penser de ceux qui ameutent les passions,
courent sur les précipices et badinent avec
la flamme ; ne s'exposent-ils pas au double
péril de tomber, ou d'être mis en feu ?

M. Azaïs abandonne bientôt son sujet
pour se jeter dans le vague de la politique,
c'est là son élément. Cependant comme il
faut en finir et surtout avec un champion
du genre de celui qu'il s'est donné. M. Azaïs
propose à son noble adversaire de le placer
sur *la ligne de conciliation* , il lui accorde
tout, imagination, courage et talent ; sauf
la modération dont il lui délivrera son brevet
lorsqu'il sera arrivé à cette juste mesure, *que
donne le tems, la raison, l'étude et
l'expérience.* On voit que M. de Chateaub.
manque de beaucoup de choses, et que son
antagoniste, qui apparemment se trouve

mieux pourvu, ne se montre pas trop *li-béral* ; il est douteux pourtant que son brillant adversaire, qui sourcille toujours à ce mot scabreux, veuille reconnaître M. Azaïs pour un adepte, et se montre fort content des dons qu'il lui promet.

M. le vicomte de Chateaub. est décidément anti-ministériel, qui pourrait lui contester ce droit ? qui pourrait l'engager à plier sous la volonté de ceux qui ne sont pas de sa caste, et qui d'après lui ne rachètent pas cette défectuosité par leur rare talent ? Aussi se donne-t-il fortement carrière à leur sujet ; on ne ferait pas mieux dans le pays natal de l'opposition, là comme ici les ministres doivent marcher toujours cuirassés. Dans cette guerre d'opinions et de lumières qu'il leur faut livrer ou soutenir tous les jours ; ils n'ont qu'un parti à prendre, celui de se montrer plus habiles que leurs detracteurs, ce qui n'est pas bien difficile lorsqu'on dispose d'un grand pouvoir.

M. le Vicomte a sur le cœur les élections de 1816. Il nous répète, à ce sujet, ce qu'il a mieux dit dans un autre moment d'un plus vif intérêt, celui où ces élections allaient être jugées. Il y avait beaucoup à dire, et encore plus à penser ; mais à quoi bon éveiller les morts et fouiller dans des débris, lorsque des bases mêmes menacent ruine ? Le noble pair rappelle les moyens vraiment odieux qui furent employés pour éconduire ses amis, et ces moyens ont été employés, dit-il, par ceux qui sont commis à la garde de l'ordre, et qui doivent donner l'exemple de la modération. Si des particuliers s'étaient permis d'obséder les électeurs, de les circonvenir, de les tromper par l'abus d'un crédit imaginaire, ils seraient justiciables des tribunaux, et les agens du pouvoir auraient employé un crédit très réel, ils auraient étalé tout le charme de cet heureux talisman, et développé toute la déception des promesses ministérielles, et le tout pour avoir des députés de leur bord. Non, cela n'est pas possible ; ces moyens auraient mis à nud l'insuffisance des agens du pouvoir, ils auraient donné à penser que la Charte ne peut se soutenir sans brigues, et qu'il faut enfin cabaler en France pour opérer le

(12)

bien. Cependant, ces moyens n'ont pas
été désavoués ; M. Azaïs les approuve,
il en fait son compliment à ceux qui s'en
sont aidés. Quelle facilité pour un profes=
seur de morale. La fonction d'écrivain politique est cependant à ses yeux d'une haute
importance. *Semblable au magistrat,
semblable au souverain même, l'écrivain politique appartient à l'état;* c'est-
à-dire, que la souveraineté qui erra pendant quelques momens chez le peuple,
serait devenue le patrimoine des auteurs ?
Cette pensée n'aurait rien d'exagéré, si les
hommes de génie écrivaient d'après leur
conscience. Sous un gouvernement tel que
le nôtre, le talent est une autorité et le
génie la première puissance ! C'est alors
qu'on pourrait honnir la corruption et les
brigues, parce qu'elles corrodent tout ce
qu'elles touchent, et qu'il n'est jamais per=
mis d'employer le mal pour opérer le
bien.

Mais laissons au vulgaire ce genre d'es-
crime. Le noble Vicomte ne l'a pas cependant repoussé, tout dangereux qu'il est. Il

admet un parti de l'opposition, avec tous ses agrémens, c'est-à-dire, avec ces dénominations turbulentes qui signalent les partis et les créeraient au besoin ; il veut un état permanent de guerre entre les gouvernans et les gouvernés. Il s'autorise de l'exemple de nos voisins où cet accident politique alimente l'esprit public, et remplit par des prodiges de commerce, les trop longs intervalles de la paix ; mais quel est ce système de conduite, où l'on prend l'engagement d'abjurer sa conscience, de nier la lumière et de combattre la vérité, selon qu'elle se montre d'un côté ou d'un autre ? Ce gouvernement qui prospère là où il est né, ne serait-il pas en opposition avec le caractère national et notre situation topographique ! Serait - il autre chose pour nous que l'un de ces vieux *us* anglais dont nous essayerions comme d'une mode nouvelle ? On dirait que nous sommes destinés à parcourir le cercle entier des institutions qu'on a fondé dans la durée des siècles, pour les user en quelques instans et nous en dégoûter ?

Voyons le point d'où nous sommes partis et où nous sommes sagement revenus. Dans ce gouvernement monarchique que nous avons repris après tant de malheureux essais, avons nous besoin, lorsque la loi est écrite, et qu'elle parle à des hommes éclairés, d'un vain simulacre d'opposition ; et de nous constituer en état de fièvre, lorsque nous sommes à peine convalescens ? Sous le gouvernement qui consacre les droits de tous, depuis le monarque jusqu'au dernier sujet faut-il autre chose que le concours des lumières, d'autre résistance que celle qui nait de l'oppression, d'autre arme enfin que cette presse plus puissante que le glaive, puisqu'elle atteint jusqu'à la pensée ?

Ce moyen d'opposition peut être bon chez un peuple constamment enveloppé d'une épaisse atmosphère ; là il faut des émotions fortes, et remuer les passions pour exciter le désir du bien public. L'opposition doit être constante comme un régime approprié à des tempérammens trop froids. Mais en France, au contraire, il faut des calmans contre cette irritabilité qui porte aux excès ?

J'admire comme un autre les résultats du gouvernement Anglais ; mais j'en estime peu les ressorts. Qu'est - ce qu'un gouvernement , c'est - à - dire la force publique organisée pour assurer tous les secours, et pour donner l'exemple de toutes les vertus , et qui, pour son propre soutien encourage , régularise tous les genres de corruption. Quel est ce système de gouvernement balancé, où toutes les consciences ont un tarif, où pour le maintien de la liberté, les hommes se vendent en esclaves, où tous sont à l'encan , depuis le Ministre jusqu'au garçon de taverne qui veut bien cabaler contre lui ? Pour moi je ne conçois pas cet étrange amalgame , à moins qu'on ne veuille dire que les engrais les plus vils servent à féconder les terrains ingrats. Nous avons à ce sujet une expression française , c'est celle qu'employait notre noblesse pauvre, lorsqu'elle voulait excuser ses mésalliances.

N'envions rien aux autres et gardons bien ce que nous avons ; mais est-il bien vrai que nous ayons quelque chose ? Car avoir

et s'abtenir, aspirer à jouir, et vivre de pri,
vations est le comble de la misère. N'est-ce
pas là notre position ? Nous avions juré la
Charte, nous avions appuyé ce serment de
nos bras et des plus purs sacrifices; et cette
Charte qui devait être immortelle, et qui
devait nous conduire à travers tous les dan-
gers, se cache de nous, et n'ose risquer ses
premiers pas. Elle nous avait promis la liberté
individuelle, et cette liberté n'est plus sous
l'empire des lois; elle nous avait promis la liberté de la Presse, et cette liberté reste
chargée d'entraves. Elle nous avait donné
le Jury pour être notre orgueil pendant
la vie, et comme un refuge assuré l'orsqu'on
est mis légalement en danger de mort,
et ce Jury mutilé ne végétera plus que
pour l'emploi le plus commun, ou pour un
exercice audessus de ses forces, et par le
peu de latitude qu'on donne à cet enfant de
la nature, on lui imprime une attitude si
contrainte, qu'il ne peut éviter son discrédit
ni prévenir sa chute. Voilà des sujets dignes
d'occuper la plume de ces écrivains, qui
sont liés à l'état comme le Souverain. Je

n'ai pas à me reprocher cette indifférence ; j'ai suivi le Jury jusqu'au tombeau ; *un dernier mot* est sorti de ma bouche, puisse-t-il n'être pas un dernier adieu !

Serait-il vrai que la Presse a été condamnée à un éternel veuvage, et qu'elle doit rester à jamais séparée du Jury, son plus ferme appui ? Le rapporteur du projet de loi, dans la chambre des Pairs, a gardé le silence sur cette question. Cependant elle était encore intacte, le Jury n'a été éconduit que parce qu'il a paru à la suite d'un amendement ; on lui aurait ouvert toutes les portes s'il se fut présenté par la voie constitutionnelle, de sorte que l'un des points les plus importans de notre législation aurait été résolu par une formule d'étiquette. Cependant cette question, qui contenait dans son ensemble et dans ses développemens toute la doctrine si disputée de l'amendement, méritait les honneurs de la discussion. Dans un écrit ignoré peut-être, j'ai hazardé de l'offrir sous une forme nouvelle ; je n'en parlerais pas si je ne croyais l'avoir traitée d'une manière aussi simple qu'heureuse.

Quoiqu'il en soit : si l'on envisage le projet comme une loi de circonstance sur la police de la librairie, le rapport qui devait s'y restraindre ne pouvait être plus étendu. Ce qui confirme cet apperçu, c'est que l'honorable rapporteur ne dissimule pas ses vœux pour un autre tems où l'on pourra fonder sur la Presse une loi digne de son objet. Peu d'hommes en France ni dans l'étranger, car cet objet est d'un intérêt universel, n'est plus en état que le rapporteur de nous tracer ce plan monumental.

La commission a cru devoir écarter l'obstacle apporté à l'amendement, proposé par la Chambre des Députés, qui distinguait avec raison le dépôt d'un livre d'avec sa libre émission. Il serait difficile en morale, autant qu'en politique, de concilier la confession d'un projet avec l'aveu d'un acte répréhensible, et d'assimiler un signe d'obéissance à un acte de rébellion.

En effet, le dépôt qui est le signe de la stabilité, n'est-il pas l'opposé de la distribution qui circule. Il faudrait donc changer les acceptions reçues, attenter à la pureté du langage, le violer jusques dans ses élémens, lorsque la loi ne reçoit son éclat et sa majesté que du langage qu'elle emprunte , et c'est au nom de celui qu'on cite comme un modèle d'expression, dans cet idiôme parlé de toute l'Europe, qu'on proposerait cette innovation. C'est ce que les suprêmes conservateurs de l'ordre et de l'atticisme français auront à examiner.

Une autre observation me pèse, il faut que je m'en délivre. Un amendement voté par la Chambre des Députés, ne devait-il pas arriver directement à la Chambre des Pairs, avant de passer par l'examen du trône. Le pouvoir exécutif n'est point l'intermédiaire des deux Chambres. Il est examinateur et juge après elles ; mais l'intervalle entre les deux décisions ne peut être franchi. Il faut qu'elles se présentent réunies , ou tout au moins discutées afin d'être en état de provoquer le dernier vœu. Pour que le tribunal suprême prononce, il est nécessaire que tous les degrés de juridiction ayent été gardés ; eut-on la faculté d'intervertir cet ordre , elle devrait être sobrement employée

parce qu'en laissant à la haute Chambre le
le soin de modifier les résolutions de la
Chambre des députés, le Monarque recueil-
lerait les avantages de cette mesure, sans
l'avoir demandée ni imposée, ce qui ne serait pas contraire à la dignité du trône, ni
moins encore à sa popularité. Quoiqu'il en
soit, je me borne à indiquer la déviation, elle
pourrait avoir des conséquences. Ce n'est
point avec un pouvoir aussi entreprenant
que le pouvoir exécutif, qu'il faut s'en-
dormir sur des tentatives. — Il semble aussi
qu'il y a de l'inconvenance d'annoncer à
la Chambre des Pairs que le Roi a refusé
son consentement à tel amendement proposé par celle des Députés. N'est-ce pas
signifier à la Chambre l'inutilité de toute
délibération ultérieure. N'est-ce pas allarmer
sa confiance, et circonvenir sa liberté par
la déférence et le respect ?

Je n'ai pas besoin, je crois, de justifier
ces simples remarques, elles naissent na-
turellement du sujet ; le hasard m'a mis un
moment en sentinelle, c'est le premier
poste à l'instant du danger ; mais ce n'est

que celui d'un soldat, je ne suis, et je ne veux être autre chose.

Mais pourquoi sur les traces de mes deux contendans, ai-je été me fourvoyer dans de vaines recherches ? N'avons-nous pas des sujets plus immédiats d'attention et de peine ? Nos impositions seront-elles diminuées ? L'agriculture et le commerce vont-ils augmenter leur produit ; voilà des sujets dignes d'être discutés, et non pas tel système idéal de théorie et de pratique. Serions-nous comme ces Constantinopolitains qui dissertaient sur la théologie, lorsque leur ville était assiégée par cent mille étrangers. Sans doute il faut laisser une carrière libre à la controverse, elle occupe utilement les esprits, elle dilate les cœurs trop comprimés. Si nous n'avions pas les débats des deux chambres, nous aurions peut-être les billets de confession et les querelles si célèbres des Bulles ; mais nous avons le Concordat ? Quel inopportun sujet de dispute.....? Songeons que l'Europe nous regarde. Après avoir cueilli les palmes de la gloire, ne dédaignons pas les fruits mûrs de la sagesse ; n'abjurons pas les conquêtes de la raison. Cet héritage nous a été transmis par les siècles ; gardons-le pur, pour les générations à venir. — Mais vous divaguez pour éluder la question. Tout ceci n'a qu'un mot : êtes-vous pour ou contre les Ministres, les deux écrits que vous avez discutés n'ont pas d'autre but; décidez-vous; c'est la grande affaire du jour. — Ce n'est pas la mienne ; que les ministres s'en aillent ou qu'ils restent, nous ne manquerons jamais d'hommes dévoués, qui voudront bien nous gouverner, et je ne vise pas à leur place, je la regarde comme la plus pénible de toutes dans le gouvernement qui leur est confié. Toujours la main au gouvernail, quelle situation ! Ne vaut-il pas mieux s'abandonner au roulis du vaisseau. — Mais ce pouvoir dont ils disposent; ces faveurs qu'ils distribuent; cet éclat qui les environne; cette armée de complaisans qui obéit au moindre signe. — Ne comptez-vous pour rien, les soucis rongeurs de leur gestion, le droit qu'on a de les citer au tribunal de l'opinion publique, car la réputation d'un homme en place peut se trouver au bout de la plume d'un écrivain courageux. Au surplus, c'est au Souverain qui les emploie, à juger de la capacité de ses agens. C'est à eux mêmes à voir s'ils peuvent répondre du salut de la Patrie. Sans doute ils ne feront pas tout le bien qui nous est nécessaire. Ils invoqueront les *circonstances...* Mais avec un immense pouvoir, il est facile de les faire naître comme on les veut; si elles se montrent à l'improviste, les Ministres doivent être assez habiles pour les tourner, ou assez forts pour les dominer. S'ils réclament des lois de circonstances, on leur dira qu'un gouvernement régulier leur a été confié et non la dictature. Que s'ils appellent au secours les exceptions et l'arbitraire, c'est eux qui auraient révélé leur besoin, et nous pouvons sans être frondeurs ni timides, nous montrer allarmés et pour eux et pour nous.

F I N.

www.ingramcontent.com/pod-product-compliance
Lightning Source LLC
Chambersburg PA
CBHW051211050726
47594CB00007B/3159